Weihnachtszeit in Bommerlund

24 Bärengeschichten zum Vorlesen

von Ursel Scheffler
mit farbigen Bildern
von Renate Seelig

Arena

In neuer Rechtschreibung

1. Auflage als Arena-Taschenbuch 2000
Lizenzausgabe des Verlags KeRLE im Verlag Herder, Freiburg, Wien
Copyright © KeRLE im Verlag Herder, Freiburg, Wien 1998
Innenillustrationen: Renate Seelig
Umschlagillustration: Sigrid Gregor
Umsachlagtypographie: Agentur Hummel + Lang
Gesamtherstellung: Westermann Druck Zwickau GmbH
ISSN 0518-4002
ISBN 3-401-02158-3

Inhalt

Die Bären von Bommerlund

In einem kleinen Dorf ganz nahe beim Polarkreis leben die Weihnachtsbären. Es heißt Bommerlund und liegt an einer kleinen Bucht: dem Bärensund. Während sich normale Bären im Dezember auf die faule Haut legen oder in einer dunklen Höhle ihren Winterschlaf halten, ist in Bommerlund am Bärensund der Bär los! Da wird gehämmert, gesägt, gehobelt, gebacken, geschraubt, genäht und gesungen. Alle sind bärenfleißig, denn sie haben einen ganz geheimen und ganz wichtigen Auftrag: Sie helfen dem Weihnachtsmann. Warum? Das hat zwei Gründe.

Einer davon ist, dass die Bären von Bommerlund besonders geschickt und einfallsreich sind. Und der andere hängt mit Tante Bärtas Räuberabenteuer zusammen. Aber das ist eine Geschichte für sich.

Die Bärenfamilien haben sich schon vor sehr langer Zeit an der kleinen Bucht niedergelassen. Es gibt eigentlich keinen besseren Ort für Bären. Auf der Nordseite liegt der Fluss, in dem es viele Lachse gibt. Auf der Südseite ist der Wald, in dem man Beeren, Pilze und Honig findet. Und dahinter sind die sieben Schneeberge, in denen man gut klettern und rodeln kann.

In der Nähe von Bommerlund liegt eine Haltestelle der Polarkreisbahn. Das ist sehr wichtig, denn so ist Bommerlund auch mit der Außenwelt verbunden, wenn der Hafen zugefroren ist. Die Bären von Bommerlund sind so verschieden wie du und ich. Es gibt alte und junge Bären, Polarbären und Kragenbären, Brummbären oder Braunbären. Sie haben auch ganz unterschiedliche Talente oder Berufe.

Eddy Eisbär war früher Kapitän, Gustav Kragenbär ist der Wirt vom Gasthaus *Bärentatze*, Amanda Bär kann gut Engel basteln, Selma Braunbär kann winzige Puppenkleider nähen, Betty Brummbär ist besonders hübsch und musikalisch und Tante Bärta und Onkel Dagobär kennen die besten Geschichten. Das behaupten jedenfalls Socke und Mütze, die Zwillinge der Braunbärs. Gemeinsam mit ihrer Freundin Kiki Bär freuen sie sich über jede Abwechslung. Zum Beispiel darüber, dass mit dem letzten Postschiff ein Bär ankommt, mit dem es etwas ganz Besonderes auf sich hat.

Die genaue Lage von Bommerlund kennt nur der Weihnachtsmann und die, die mit ihm eng zusammenarbeiten. Daher sind die folgenden Geschichten auch ganz geheim und dürfen nur einmal im Jahr, nämlich im Advent, vorgelesen oder erzählt werden. Und auch da immer nur eine am Tag. Großes Weihnachtsbären-Ehrenwort!

Also, jeden Tag nur eine Geschichte? Abgemacht? Dann ist in 24 Tagen Weihnachten. Versprochen!

Es grüßt euch im Namen aller Bommerlunder Weihnachtsbären

eure

Ursel Scheffler

Eddy Eisbär
und die Weihnachtstanne

Ehe Eddy Eisbär nach Bommerlund kam, war er einige Jahre Kapitän auf einem Eisbrecher und durchquerte die Polarmeere. Zumindest dort, wo sie nicht ganz zugefroren waren. Eddy lernte eine Menge Seehunde, Wale und Robben kennen. Aber eines Tages stieß sein Schiff auf einen Eisberg, zerbrach in sieben Teile und versank.

Eddy rettete sich auf eine Eisscholle. Auf der trieb er tagelang durch das eiskalte Wasser. Es machte ihm nichts aus, denn er war als Eisbär ja kaltes Wasser gewohnt. Eine Strömung trieb ihn südwärts, bis ein großes Schiff seinen Weg kreuzte. Das Schiff hieß Südstern und sein Kapitän hieß Paulchen Panda. Er rief: »Komm an Bord, Junge! Du siehst ja ganz blass aus!«, und ließ die Strickleiter herunter.

Der Pandabär hatte noch nie einen Eisbären gesehen und staunte: »Mann, du bist ja doppelt so groß wie ich und doppelt so weiß!«
»In meiner Heimat sind alle Bären so groß und so weiß wie ich«, sagte Eddy Eisbär.

Eddy lernte an Bord eine Menge anderer Reisender kennen, zum Beispiel einen Ameisenbären, ein Gnu und ein Stachelschwein. Die Südstern fuhr weiter in den Süden. Es wurde immer wärmer. Endlich ging das Schiff an einer grünen Küste vor Anker. Jetzt staunte Eddy aber Eisklötze: Er kam zum ersten Mal in ein Land, in dem grüne Bäume wuchsen und in dem es den ganzen Tag warm war.

Obwohl Eddy tüchtig schwitzen musste, weil er seinen dicken Pelz anhatte, gefiel es ihm. Vor allem weil das Land nicht weiß, sondern so schön bunt war. Er sah zum ersten Mal Palmen und Blumen. Und der Sand am Strand war nicht grau, sondern goldgelb. Statt Wale, Robben und Seehunde traf er jetzt Kamele, Giraffen und Nashörner. Jeden Tag machte er neue aufregende Entdeckungen. Da wurde Eddy neugierig. Er wollte noch mehr erleben. Er blieb an Bord und reiste zusammen mit Paulchen Panda einmal um die ganze Welt.

Eines Abends, als die Südstern in Honolulu vor Anker lag, traf Eddy in der Hafenbar *Zum Schrägen Seehund* einen Bären namens Ted, der ihm von einem wunderbaren Bärenland erzählte.

»Es heißt Bommerlund und liegt am Bärensund«, sagte Ted. »Dort leben die nettesten, fröhlichsten und friedlichsten Bären der Welt.«

Von da an hatte Eddy nichts anderes im Sinn, als dieses Wunderland zu finden. Er hatte sich alles genau aufgeschrieben, was ihm Ted Bär über das Bärenland erzählt hatte. Er malte eine Seekarte, auf der der Bärensund, der Winterwald, die sieben Schneeberge und der Polarkreis waren. Und dann rechnete er mit Hilfe von Paulchen Panda den richtigen Kurs aus.

Es dauerte trotzdem sieben Monate, bis Eddy schließlich an einem Dezembermorgen mit seinem kleinen Kutter im Hafen von Bommerlund einlief. Er wurde freundlich begrüßt. Vor allem von den kleinen Bären, die noch nie einen so großen Eisbären gesehen hatten.

»Einen so großen starken Bären wie dich können wir gut gebrauchen«, sagte Dagobär, der damals Bürgermeister war.

»Vor allem heute. Denn wir wollen gerade die große Weihnachtstanne vor dem Rathaus auf-
stellen. Sie kippt uns immer um,
weil keiner stark genug ist, um
sie festzuhalten.«

Eddy freute sich, dass er
sich gleich nützlich machen
konnte. Als die Tanne
stand, spielte Betty Brummbär auf ihrer Flöte und die
kleinen Bären sangen »Oh
Tannenbaum«.

Dann gab es Weihnachts-
plätzchen mit Punsch und
alle waren fröhlich. Eigentlich wollte Eddy nur ein paar
Tage bleiben. Aber dann ver-
liebte er sich in Betty
Brummbär, heiratete sie und
blieb bis zum heutigen Tag.

Kiki reißt aus

Vor Weihnachten ist bei Amanda Bär der Teufel los, das heißt, eigentlich ist eher der Engel los, denn Amandas Spezialität sind Engel aller Art. Sie bastelt Rauschgoldengel, Brokatengel oder schnitzt Holzengel für den Weihnachtsbaum und die Weihnachtskrippe.

Im Augenblick bevölkern wieder einmal tausend Engel das ganze Haus. Das nervt Amandas Tochter Kiki sehr. Eines Morgens wird es ihr zu bunt. Sie holt ihren Wanderrucksack, stopft Äpfel, Nüsse, Kekse, ein Gläschen Honig und einen kleinen Topf hinein und brummt: »Zimmer aufräumen? Müll rausbringen? Bett machen? Papierschnipsel aufheben? Leim holen? Schere bringen? Und überall Engel! Mir reicht's!«

Auf leisen Tatzen schleicht Kiki aus dem Haus. Sie stapft durch den Schnee und denkt: Wetten, dass Mama vor lauter Engeln nicht mal merkt, dass ich fortgegangen bin?

Kiki will weit fort! Genau gesagt: bis in die große weite Welt.

Nach einer Stunde kommt Kiki an einen Fluss.

»Wohin willst du so ganz allein?«, erkundigt sich ein Eisvogel und flattert um sie herum.

»In die große weite Welt!«, sagt Kiki. »Kennst du den Weg?«

»Na klar. Immer nach links!«, sagt der Vogel.

Kiki läuft nach links und kommt in den Wald. Sie läuft wieder eine Stunde.

Dann bekommt sie Hunger, setzt sich auf einen Baumstamm und packt ihren Proviant aus.

»Mmh, Möhrchen«, schnuppert ein vorwitziger Schneehase.
»Krieg ich ein Möhrchen?«
»Kannst du haben«, sagt Kiki. »Wenn du mir sagst, wo es in die
große weite Welt geht?«
»Am besten gehst du da vorne links!«, behauptet der Schneehase
und mümmelt die Möhre.
Das muss stimmen, denkt Kiki, denn das hat der Eisvogel auch
gesagt!
Nachdem sie gegessen hat, läuft sie weiter. Wieder eine Stunde
lang. Dann bekommt sie schrecklichen Durst. Sie macht ein Feu-
er, schmilzt Schneewasser in ihrem kleinen Topf und süßt es mit
Honig.
»Mhm, riecht ja köstlich! Kann ich ein Schlückchen davon haben?«, erkundigt sich ein Schneehuhn.
»Gerne«, sagt Kiki. »Wenn du mir dafür sagst, wo es in die große
weite Welt geht?«
»An der nächsten Kreuzung links«, sagt das Schneehuhn und
zwinkert.
Das muss stimmen, denkt Kiki, denn das haben der Eisvogel und
der Schneehase auch gesagt! Und sie läuft an der Kreuzung nach
links.
Nachdem Kiki noch einmal eine Stunde gelaufen ist, kann sie
nicht mehr. Die Tatzen brennen. Außerdem wird es dunkel und
sie fühlt sich so allein. Wenn jetzt nicht gleich die große weite
Welt kommt, dann will ich lieber wieder nach Hause!, denkt Kiki.
Aber da muss sie drei Stunden zurücklaufen! Das ist viel zu weit.
Da entdeckt Kiki unten im Tal ein Haus, in dem Licht brennt. Kiki
rennt den Berg hinunter. Das Haus sieht sehr hübsch aus. Fast so

schön wie Amandas Haus. Nur dunkler. Kiki schaut durchs Fenster. Da ist ein Bär, der von hinten wie Amanda aussieht. Er deckt gerade den Tisch. Kiki klopft.

»Herein«, sagt eine Stimme, die wie Amandas Stimme klingt.

»Kann ich hier übernachten?«, fragt Kiki.

»Gern«, sagt die Bärin. »Denn mir ist heute Morgen ein kleiner Bär weggelaufen und ich möchte gern wieder einen Bären haben. Du kannst seine Suppe essen und in seinem Bettchen schlafen!«

»Mama!«, ruft Kiki entsetzt. »Du kannst doch einem fremden Bären nicht meine Suppe und mein Bettchen geben!«

»Warum denn nicht?«, sagt Amanda Bär und lacht. »Wenn du damit einverstanden bist!« Und dann nimmt sie Kiki in den Arm und drückt sie ganz fest. »Ich bin sooo froh, dass du wieder da bist!«

Onkel Dagobär wird vergesslich

Socke und Mütze, die Zwillinge der Braunbärs,
hocken auf der Fenster-
bank und warten unge-
duldig auf ihren Onkel
Dagobär.
»Er hat ganz fest ver-
sprochen zu kommen,
ehe es dunkel ist!«,
brummt Socke.
»Ob er uns vergessen
hat?«, überlegt Mütze.
»Was machen wir jetzt?«, fragt Socke.
»Wir spielen Bär-ärgere-dich-nicht«, schlägt Mütze vor und holt
die Kiste mit dem Würfelspiel. Dann setzen sie sich auf die Eck-
bank und stellen die Bärchen auf.
Mütze kriegt die roten und die grünen.
Socke nimmt die blauen und die gelben.
Mütze fängt an und würfelt zweimal eine Sechs.
»Finde ich gemein!«, brummt Socke.
»Ich hab ganz ehrlich gewürfelt«, protestiert Mütze.
»Nein, ich meine nicht deine Sechs. Ich finde es gemein, dass On-
kel Dagobär nicht kommt, obwohl er es versprochen hat.«
»Vielleicht macht er Weihnachtseinkäufe«, sagt Mütze.
Mütze hat seinen Glückstag. Er hat schon sechs von seinen acht

Bärchen ins Ziel gebracht. Socke mault. Er hat keine Lust mehr. Er ärgert sich, dass er verliert.

»Stell dich nicht so an! Das Spiel heißt doch: Bär ärgere dich nicht!«, sagt Mütze. Endlich hört man Schritte draußen.

»Entschuldigt, Kinder!«, brummt Onkel Dagobär und klopft den Schnee aus dem Fell. »Ich hab doch tatsächlich vergessen, dass ich mit euch verabredet war!«

»Wir haben soooo gewartet!«, sagt Socke.

»Bin eben auch nicht mehr der Jüngste«, seufzt Dagobär.

»Sonst merkst du dir doch auch alles«, sagt Socke. »Keiner kennt so viele Geschichten wie du.«

»Das ist etwas anderes«, brummt Dagobär.

»Bitte, erzähl uns was!«, ruft Mütze.

»Na gut«, brummt Dagobär und lässt sich in den Sessel plumpsen. »Was soll denn in der Geschichte vorkommen?«

»Ein Löwe, ein Nilpferd und ein Regenschirm«, ruft Socke.

»Es war einmal . . . es war einmal ein Löwe«, beginnt Dagobär und nimmt Socke und Mütze auf den Schoß. »Der Löwe war alt und vergesslich geworden. Er vergaß seine Brille und seinen Regenschirm.«

»Wie Tante Bärta! Die sucht auch ständig ihre Brille«, ruft Mütze.

»Genau so. Manchmal fielen ihm die Namen der Leute nicht mehr ein, die er traf. Guten Tag, Herr . . . äh, Herr Giraffe, sagte er zum Elefanten. Oder er sagte zum Zebra Fräulein Nilpferd. Dann wurde es mit seiner Vergesslichkeit immer schlimmer. Er vergaß, dass er um vier mit dem Nashorn am Wasserloch verabredet war und dass er am Abend mit den kleinen Löwen am Fluss schwimmen wollte. Er vergaß, wenn einer Geburtstag hatte, und erzählte alle Geschichten mehrmals, als seien sie ganz neu. Die anderen Löwen lachten den alten Löwen wegen seiner Vergesslichkeit aus. Darüber war der alte Löwe sehr traurig. Aber sosehr er sich auch anstrengte, er konnte sich einfach nichts mehr merken. Eines Tages vergaß er sogar, dass er ein Löwe war. Er kletterte auf eine Palme.

›Was machst du da oben?‹, riefen die Löwenkinder.

›Ich baue ein Nest‹, sagte der alte Löwe.

›Wenn du ein Nest baust, dann bist du ein Vogel. Und wenn du ein Vogel bist, dann kannst du fliegen!‹, spotteten die Löwenkinder. Da breitete der alte Löwe die Flügel aus und flog davon …«

»Ist er bis in den Himmel geflogen?«, fragt Mütze leise, nachdem er nachgedacht hat.

»Ja«, sagt Onkel Dagobär. »Und er hat vergessen zurückzukommen.«

Die Zauberflöte

Betty Brummbär ist die Einzige in Bommerlund, die richtig Flöte spielen kann. Sie ist auch die Einzige, die alle Weihnachtslieder mit allen Strophen richtig singen kann. Bei den meisten anderen Bären schleichen sich immer Brumm- und Schnauf- oder Schnarchtöne dazwischen, besonders bei ihrem Mann Eddy.

Jeden Samstag, wenn Eddy nachmittags zum Hafendienst geht, haben Kiki, Mütze und Socke Musikunterricht bei Betty Brummbär. Einmal, als die drei kleinen Bären nach dem Unterricht bei Tee und Keksen gemütlich auf Bettys Ofenbank hockten, fragt Betty Brummbär: »Wisst ihr eigentlich, dass meine Flöte eine Zauberflöte ist?«

»Eine Zauberflöte?«, staunt Kiki.

»Zauber doch mal was!«, sagt Socke.

»Erst muss ich euch eine Geschichte erzählen«, sagt Betty Brummbär.

»Au ja!«, ruft Socke. Und dann lauschen sie gespannt.

»Es war einmal ein Tanzbär«, beginnt Betty Bär. »Der war schon als kleines Bärenkind von einem Bärenfänger eingefangen worden. Der machte ihm einen Ring durch die Nase und brachte ihm das Tanzen bei. Wenn der Bär nicht springen wollte, hielt er ihm heiße Kohlestückchen an die Füße . . .«

»Das ist gemein!«, ruft Socke.

»Saugemein!«, empört sich Mütze.

»Als der Bär ein bisschen größer war, ungefähr so groß wie Kiki, musste er mit dem Bärenfänger von Dorf zu Dorf und von Stadt zu Stadt wandern. Der Mann spielte auf seiner Geige und der Bär musste tanzen. Wenn der Bär müde war, zog ihn der Mann an seinem Nasenring. Das tat ziemlich weh.

Einmal, als der Bär und der Bärenfänger im Wald übernachteten und der Bär vor lauter Kummer nicht einschlafen konnte, kam eine alte Frau vorbei. Sie schleppte ein schweres Bündel mit Holz und fragte den Bären: ›Kannst du mir helfen? Es soll dein Schaden nicht sein!‹ Der Tanzbär warf einen Blick auf den schlafenden Bärenfänger und sagte: ›Gern! Ich kann sowieso nicht schlafen.‹ Und dann trug er alles Holz, das die Frau gesammelt hatte, Korb um Korb bis in ihr Haus oben am Berg. Die Frau bedankte sich, schenkte ihm eine Flöte und sagte: ›Gib gut darauf Acht! Es ist eine Zauberflöte. Wenn man darauf spielt, dann müssen alle Leute tanzen, ob sie wollen oder nicht!‹

Als der Bärenfänger am nächsten Morgen aufwachte, war der Bär noch müde, weil er die ganze Nacht über gearbeitet hatte.

›Aufstehn, du Faulpelz!‹, rief der Mann und zog den Bären so heftig am Nasenring, dass er Nasenbluten bekam. Der Bär stand auf und lief hinter dem Bärenfänger her. Unterwegs fiel ihm die Flöte ein. Er nahm sie fest in beide Pfoten und begann zu spielen. Da blieb der Bärenfänger stehen, schaute sich verwundert um und fing schließlich an zu tanzen. Jetzt war es umgekehrt: Der Bär machte die Musik und der Mann musste nach seiner Flöte tanzen, ob er wollte oder nicht. Der Bär zog mit dem Mann weiter durch den Wald. Von Höhle zu Höhle, von Baumhaus zu Baumhaus. Überall, wo Bären wohnten, ließ er den Mann tanzen.

›Hör auf!‹, flehte der Bärenfänger immer wieder. ›Bitte, bitte, hör auf! Ich will nie wieder einen Bären tanzen lassen . . .‹

Schließlich bekam der Tanzbär Mitleid und ließ den Bärenfänger laufen. Er suchte sich eine nette Bärin und feierte Bärenhochzeit.«
»Und woher hast *du* die Zauberflöte?«, fragte Kiki neugierig.
»Der Tanzbär war mein Urgroßvater! Wollen wir ausprobieren, ob euch die Flöte zum Tanzen bringt? Auf meiner Hochzeit hat es noch funktioniert.« Und dann spielt Betty Brummbär auf der Flöte und die drei kleinen Bären tanzen, bis sie vor Lachen übereinander purzeln.

Der kluge Grislibär

Eines Abends kann Kiki nicht einschlafen und ruft:»Mama, kann ich bitte noch Honigmilch haben?«

Amanda bringt ihr ein Glas Honigmilch.

»Kann ich noch ein Bilderbuch anschauen?«

»Aber nur eins!«, sagt Amanda und bringt ihr schönstes Bärenbilderbuch.

»Kann ich noch eine Kassette hören?«

»Meinetwegen«, sagt Amanda. »Aber dann muss ich zu Tante Bärta.«

»Kann ich mitkommen?«, bettelt Kiki.

Amanda schüttelt energisch den Kopf.

»Nein, wir besprechen Weihnachtsgeheimnisse.«

»Dann klettere ich heimlich aus dem Bett und schleiche dir nach«, sagt Kiki.

»Ich fürchte, dann wird es in diesem Jahr keine Weihnachtsüberraschung für dich geben«, seufzte Amanda Bär.

»Ha, du wirst es gar nicht merken, weil ich so gut schleichen kann«, sagt Kiki.

»Probier es lieber nicht: Unfolgsame Bären dürfen nämlich keine Wunschzettel schreiben!«

»Ich wünsch mir aber schon jetzt was«, sagt Kiki und legt die Pfoten fest um Mamas Hals. Sie mag es gar nicht gern, wenn Mama abends fortgeht.

»Was denn?«, seufzt Amanda ein bisschen ungeduldig.

»Ich wünsche mir eine klitzekleine Bären-Gutenachtgeschichte«, bettelt Kiki Bär. »Dann schlaf ich sofort.«

»Na gut«, sagt Amanda. »Von einem kleinen Grislibären vielleicht?«

»Au ja! Grislibären sind groß und stark und mutig«, sagt Kiki und kuschelt sich in ihr Kissen.

»Es war einmal ein kleiner Grislibär, der war wirklich ganz schön stark. Er konnte mit einer Pfote einen dicken Baumstamm hochstemmen. Aber manchmal war er schwach. Zum Beispiel, wenn er allein zu Hause bleiben sollte. Da hatte er irgendwie Angst...«

»Ich hab keine Angst, wenn ich allein zu Hause bleiben soll!«, ruft Kiki dazwischen.

»Der kleine Grislibär lebte mit seinen Eltern in einer Höhle in den Bergen von Alaska. Eines Morgens sagte Papa Grislibär: ›Mama und ich gehen jetzt zum Fischen an den See.‹

›Darf ich mit?‹, rief der kleine Grislibär.

›Nein, es ist heute zu gefährlich auf dem Eis. Außerdem treiben sich Jäger in unserer Gegend herum‹, brummte Papa und Mama sagte: ›Sei nicht traurig! Der schönste Fisch, den wir fangen, ist für dich.‹

›Aber nur wenn du in der Höhle bleibst und keinen Unsinn machst!‹, rief Papa Grislibär. Der kleine Bär versprach es. Dann machten sich die Eltern auf den Weg. Draußen war es sehr kalt. Es schneite schon seit sieben Tagen. Der kleine Bär sah zu, wie die Eltern im Schneegestöber verschwanden. Gegen Mittag hörte es auf zu schneien. Ganz plötzlich schien die Sonne. Die Vögel sangen.

Sie lockten den kleinen Bären aus der Höhle. Er tapste durch den

Schnee in den Wald. Auf einmal knallte es! Die Jäger!!! Der kleine Grislibär erschrak zu Tode. Er hetzte kreuz und quer durch den Wald. Schließlich wusste er gar nicht mehr, wo er war. Als er endlich den Weg zu seiner Höhle wieder fand, war er todmüde. Er legte sich vor den Ofen und schlief ein. Erst als seine Eltern zurückkamen, wachte er wieder auf.

›Habt ihr mir den schönsten Fisch mitgebracht?‹, rief er.

›Ein paar hinter die Ohren!‹, brummte Papa Grislibär ärgerlich. ›Du Leichtfuß bist in den Wald gelaufen. Ganz allein! Wenn dich die Jäger erwischt hätten? Was dann?‹

Schuldbewusst vergrub der kleine Grislibär seine Schnauze zwischen den Vorderpfoten und grübelte: Woher wusste Papa, dass er im Wald gewesen war?«

»Ich weiß, woher er es wusste«, ruft Kiki. »Er hat seine Spuren im Schnee gesehen!«

»Genau!«, sagt Amanda und lacht. »Und ich werde deine auch sehen, wenn du mir nachschleichst! Also bleib lieber im Bett!«

Der Bär von weit her

»Das Postschiff kommt!«, rufen Mütze und Socke und laufen zum Hafen hinunter.

»Das wird wohl das letzte Postschiff sein, das in diesem Winter durchkommt!«, brummt Eddy und deutet auf die dicken Eisschollen im Hafenbecken.

»Tuuuuut«, macht das Postschiff zur Begrüßung. Eddy winkt, und Mütze und Socke winken auch. Nur ein einziger Reisender kommt von Bord.

»Ej! Guck mal, wie der aussieht!«, ruft Mütze und deutet mit ausgestreckter Pfote auf den kleinen Bären mit dem riesigen Seesack, der jetzt über die Laufplanke kommt.

»Mann! Der hat vielleicht eine Plattnase! Und wie klein er ist. Viel kleiner als wir!«, staunt Mütze.

Neugierig laufen die beiden zu dem Neuankömmling hin. Mütze fasst sich ein Herz und fragt: »Woher kommst du, fremder Bär?«

»Australien!«, schnauft der Bär und setzt seinen schweren Seesack ab.

»Und wie heißt du?«, erkundigt sich Socke.

»Koka Koalabär«, sagt der Fremde und sieht die beiden neugierig an.

»Das ist ein lustiger Name«, kichert Socke.

Eddy Eisbär fragt den Fremden, ob er ihm helfen kann. Er erinnert sich nur zu gut daran, wie er als Fremder ankam und froh war, dass die anderen Bären nett und hilfsbereit waren.

»Ich suche Arbeit. Und ich habe gehört, es gibt im Dezember bei euch viel zu tun«, sagt der Koalabär und nimmt die Mütze ab.

»Das kannst du wohl sagen! Wir wissen im Augenblick nicht, wo uns der Kopf steht. Und jedes Jahr wird es mehr«, sagt Eddy.

»Wo kann man denn wohnen?«

»Im Gasthaus *Bärentatze*, direkt am Markt.«

»Vielen Dank!«, sagt der Bär mit der schwarzen Plattnase und macht sich auf den Weg.

»Wir bringen dich hin!«, rufen Mütze und Socke. Und dann hüpfen und hopsen sie neben ihm her.

Mütze schnuppert und sagt: »Du riechst aber komisch!«

»Wie Tante Bärtas Hustenbonbons!«, findet Socke.

Koka lacht und sagt: »Ich rieche nach Eukalyptus. Das kommt daher, dass ich nur Eukalyptusblätter esse. Der ganze Sack ist voll davon! Und ein paar Säcke davon sind noch auf dem Schiff. Ich brauch ein Pfund am Tag. Wie heißt ihr eigentlich? Und was esst ihr am liebsten?«

»Ich heiße Mütze, und das ist mein Bruder Socke!«, sagt Mütze.

»Und wir essen am liebsten Pickelhering mit Vanilleeis.«

»Brrrr!«, ruft Koka. »Damit könntet ihr mich jagen!«

»Das wollen wir aber gar nicht. Wir finden dich ganz nett«, sagt Mütze. »Obwohl du anders riechst.«

Gustav Kragenbär steht vor seinem Gasthaus und sieht neugierig auf den fremden Bären, der ihm höchstens bis zum Knie geht.

»Hier kommt ein Gast!«, ruft Socke.

»Das seh ich wohl«, sagt Gustav und kratzt sich am Hinterkopf, weil er gerade überlegt, ob das kleinste Kinderbett, das er hat, wohl klein genug für den neuen Gast ist.

»Er heißt Coca Cola!«, ruft Mütze.

»Und er kommt aus Tralien!«, ergänzt Socke.

Da wirft der kleine Bär mit der platten Nase seinen Seesack ab und lacht aus vollem Hals.

Gustav Kragenbär versteht überhaupt nichts mehr. Er kratzt sich wieder am Hinterkopf und fragt verwirrt: »Coca Cola? Tralien? Wo, bitte sehr, liegt Tralien?«

Da erklärt ihm Koka, dass er aus der Familie der Koalabären stammt und aus Australien kommt, das genau am entgegengesetzten Ende der Welt liegt. »Ach so ist das«, sagt Gustav Kragenbär. Dann lässt er das Zimmer mit der besten Aussicht für Koka herrichten, damit sich der Bär von weit her so richtig wohl fühlt.

Koka Koalabär

Der Koalabär bezieht das Zimmer im Türmchen gleich neben dem Taubenschlag, das für alle anderen Gäste zu klein ist. Von dort aus kann man bis zum Leuchtturm sehen.

»Was möchtest du zum Frühstück?«, erkundigt sich Gustav Kragenbär.

»Eukalyptusblätter. Ein Körbchen voll!«, sagt Koka.

»Und woher soll ich, bitte sehr, Eukalyptusblätter kriegen?«, fragt Gustav Kragenbär.

»Hab ich mitgebracht«, sagt Koka und deutet auf seinen Seesack.

Erst ist Gustav etwas gekränkt. Ein Gast, der sich das Essen mitbringt, so etwas ist ihm noch nicht passiert.

»Andere Länder, andere Sitten«, sagt Emma Kragenbär, »wenn er es so gewohnt ist?«

»Wo finde ich Arbeit?«, erkundigt sich Koka bei den freundlichen Wirtsleuten.

»Am besten wendest du dich an Adalbär«, rät ihm Gustav Kragenbär. »Der ist der Chef der Weihnachtswerkstätten. Du findest ihn in der Windmühle am Fluss.«

»Von dir hab ich schon viel gehört!«, sagt Adalbär, als Koka vor ihm steht. Neugierig mustert er den kleinen Bären, von dem ihm seine beiden Söhne am Abend zuvor schon aufgeregt erzählt haben. »Du willst uns also helfen?«

»Gerne«, sagt Koka.

»Lass mal überlegen«, brummt Adalbär. »Du bist flink und ge-

schickt. Außerdem hast du einen praktischen Beutel auf dem Rücken. Wir könnten dich gut als Boten einsetzen.«

»Ich bin zwar klein«, sagt Koka, »aber ich kann eine ganze Menge.«

»Tja, einer, der mutterseelenallein von Australien bis nach Bommerlund gereist ist, muss wirklich ganz schön tüchtig sein. Du bist eingestellt. Kannst du lesen?«

»Na klar«, sagt Koka, »sonst hätte ich den Weg bis zu euch bestimmt nicht gefunden. Da musste ich Wegweiser und Fahrpläne lesen.«

»Du könntest zum Beispiel die Wunschzettel und die Arbeitszettel von einer Werkstatt zur anderen tragen. Das ist eine ganz schöne Rennerei.«

»Macht nichts, mache ich gerne«, sagt Koka.

»Dann komm mit!«, sagt Adalbär. »Du kannst gleich anfangen.«

Am nächsten Tag, als Koka mit seinen Wunschzetteln unterwegs ist, begegnet er Kiki. »Ich hab noch nie einen so kleinen Bären gesehen, der von so weit herkommt!«, sagt Kiki. »Einen mit einer platten Nase, Wuschelohren und einer Beuteltasche auf dem Rücken.«

»Und ich hab nicht geglaubt, dass es Weihnachtsbären gibt, bis ich euch wirklich gesehen habe!«, antwortet Koka und lacht. »Es ist schön bei euch! Und es ist unglaublich, was ihr für schöne Geschenke herstellt. Aber ich freue mich auch wieder auf zu Hause. Da ist es viel wärmer, musst du wissen.«

»Heißt das, dass du wieder fortgehst?«

»Ich kann auf Dauer nur dort leben, wo es Eukalyptusblätter gibt«, sagt Koka. »Wenn mein Vorrat zu Ende geht, muss ich leider zurück nach Australien.«

»Vielleicht werden wir dich einmal besuchen. Ich kann allerdings nur dort leben, wo es Schneckenomelett mit Birkenpilzen gibt. Das ist nämlich mein Lieblingsessen.«

»Ich werde mich erkundigen und dir Bescheid geben«, verspricht Koka. »Aber jetzt entschuldige, ich muss weiter. Meine Liste ist noch lang.«

Am Abend, als Koka im Bett liegt, tun ihm die Füße weh. Sie sind schwer wie Blei. Aber sein Herz ist ganz leicht, denn er fühlt sich sehr wohl bei den Bommerlunder Weihnachtsbären.

Tante Bärta
und der Weihnachtsmann

Am nächsten Tag ist es so kalt und nebelig, dass man nicht draußen spielen kann. Die kleinen Bären langweilen sich sehr, weil keiner der Erwachsenen für sie Zeit hat.

»Lasst uns zu Tante Bärta gehen!«, sagt Kiki.

»Den Weg finden wir auch im Nebel«, sagt Mütze.

Bärta wohnt in einem Blockhaus am Wald. Sie ist schon uralt und sie kennt unglaublich viele Geschichten. Sie weiß auch, wie es früher in Bommerlund gewesen ist, lange ehe die kleinen Bären auf der Welt waren.

Tante Bärta erzählt ihre Geschichten gerne und sie bruzzelt ab und zu Bratäpfel mit Zucker und Zimt in ihrem altmodischen Kachelofen.

Kein Wunder, dass sie bei den kleinen Bären sehr beliebt ist.

»Wie seht ihr denn aus!«, sagt sie und lacht vergnügt, als die drei vor ihrer Haustür stehen. »Na, dann kommt mal rein, ihr Räuber!«

Die Feuchtigkeit des Nebels ist auf dem Fell der Bären festgefroren und es sieht aus, als hätten sie Masken auf. Man kann bloß Nasen und Augen erkennen.

»Sehen wir wirklich wie Räuber aus?«, fragt Kiki.

«Fast!«, sagt Bärta. »Aber ich kann echte und falsche Räuber glücklicherweise gut unterscheiden. Ich hab nämlich einmal eine schlimme Räubergeschichte erlebt!«

»Erzähl!«, rufen Mütze und Socke wie aus einem Mund.

»Eine Räubergeschichte? Toll!«, sagt Kiki.

»Es war vor langer, langer Zeit. Lange, ehe es Bommerlund gab, da wohnten die Bären noch im Wald hinter den sieben großen Schneebergen. Eines Morgens, ich war ungefähr so groß wie ihr, da wollte ich zu meinen Freunden zum Spielen gehen. Ich wollte die Abkürzung über den See nehmen. Der war zugefroren. Als ich den See fast überquert hatte, zog Nebel auf. So wie heute. Ich wusste nicht genau, wie weit es noch bis zum anderen Ufer war. Da hörte ich Stimmen. Es waren drei Wölfe.

›Da vorne kommt er vorbei‹, sagte der erste.

›Ich zieh ihm die Beine weg und du haust ihm eins über die Mütze!‹, sagte der andere.

›Und ich schnapp den Sack und dann laufen wir weg‹, knurrte der dritte.

Ganz klar, das waren Räuber! Ich überlegte, was zu tun war. Die waren zu dritt und stärker als ich, also beschloss ich abzuwarten. Ich versteckte mich hinter einem Busch. Der Nebel lichtete sich. Ich erkannte die Umrisse der Bäume. Dann hörte ich Schlittenglocken. Das musste der Weihnachtsmann sein, der auf seinem Weg zu den Kindern immer hier vorbeifuhr!

›Er kommt!‹, flüsterte einer der Räuber. ›Achtung, fertig, los!‹

Sie brachen aus dem Hinterhalt hervor und fielen über den Schlitten her. Sie stießen den Weihnachtsmann herunter, raubten

seinen Sack und liefen davon. Zurück blieb ein zerbrochener Schlitten und der Weihnachtsmann mit gebrochenen Beinen, der ohnmächtig im Schnee lag. Bestimmt wäre er erfroren, wenn ich ihn nicht aufgehoben und gewärmt hätte. Meine Freunde und ich haben den Doktor geholt und den Weihnachtsmann zu uns nach Hause gebracht. Wir haben ihn gepflegt, bis er gesund war und wieder laufen konnte. Und weil ich das getan habe, gibt es heute noch einen Weihnachtsmann.«

»Das war eine tolle Geschichte!«, sagt Socke.

»Die Wölfe dachten bestimmt, das wäre das Rotkäppchen«, überlegt Mütze.

»Quatsch!«, ruft Kiki. »Das ist doch viel kleiner.«

»Wölfe sind doof«, sagt Mütze.

»Und gemein«, fügt Socke hinzu.

»Etwas Gutes hat die Sache gehabt«, sagt Bärta. »Wir Bären haben damals dem Weihnachtsmann versprochen ihn zu beschützen und ihm jedes Jahr vor Weihnachten nach Kräften zu helfen. Und so ist es bis heute geblieben.«

Der Polarbär

Tante Bärtas Bratäpfel sind
genauso gut wie ihre Ge-
schichten. Socke, Mütze
und Kiki können von bei-
dem nicht genug kriegen.
»Ich denke, ihr solltet allmäh-
lich nach Hause gehen«, sagt
Tante Bärta. »Schließlich ist es
schon spät.«

Sie öffnet das Fenster und sieht in den klaren Nachthimmel hinaus. »Seht nur, wie hell der Mond scheint. Morgen wird es bestimmt schön. Da könnt ihr zum Eislaufen gehen!«

»Erzähl uns doch bitte noch eine Geschichte!«, sagt Mütze.

»Mir fällt keine mehr ein«, seufzt Bärta. »Ich hab euch doch schon
hundert erzählt.«

»Erzähl uns Nummer hundertundeins!«, sagt Socke.

»Erzähl uns eine Geschichte vom Mond und von den Sternen!«,
schlägt Kiki vor.

»Na gut«, seufzt Bärta. »Aber dann flitzt ihr nach Hause! Versprochen?«

»Versprochen!«, rufen Mütze, Socke und Kiki im Chor.

Bärta nimmt wieder zwischen den drei kleinen Bären Platz und
beginnt zu erzählen:

»Es war einmal ein Polarbär. Der lebte am Nordpol. Dort ist es im
Winter Tag und Nacht stockfinster, weil die Sonne nicht aufgeht.

41

Bei uns hier wird es wenigstens tagsüber ein bisschen hell. Einmal im Winter wurde es dem kleinen Polarbären in der Dunkelheit sehr langweilig. Und wisst ihr, was er gemacht hat? Er ist auf den höchsten der sieben Schneeberge geklettert. Und als er oben angekommen ist, hat er sich an einem Mondstrahl hochgezogen, auf dem ist er weiter und immer weiter gelaufen, bis er in den Himmel kam. Da ist er die Milchstraße entlanggelaufen und von Stern zu Stern gesprungen. Manchmal ist er auch ein bisschen stehen geblieben und hat sich die Welt von oben angeguckt.

Seine Mutter hat ihn inzwischen überall gesucht. Plötzlich entdeckte sie seine Fußspuren am Himmel. Sie ist ebenfalls auf einen Mondstrahl geklettert und ihm nachgelaufen. Sie hat ihn am Nackenfell gepackt und ihn wieder zurückgeholt.

Weil die beiden auf den Mondstrahlen hin und her gelaufen sind, haben sie silberne Tapser am Himmel hinterlassen. Aus den Fußspuren des kleinen und des großen Bären sind Sterne geworden. Man kann sie heute noch am Himmel sehen und die Sternbilder heißen überall auf der Welt DER GROSSE BÄR und DER KLEINE BÄR. Kommt mit, dann zeige ich sie euch!«

Bärta öffnet die Tür. Sie besteht darauf, dass die kleinen Bären Schal und Mütze anziehen, denn es hat inzwischen geschneit und es ist sehr kalt. Dann geht sie mit ihnen vors Haus und erklärt ihnen, wo die Bärensternbilder am Himmel zu sehen sind: gleich neben dem Polarstern.

Als sich die drei kleinen Bären endlich auf den Heimweg machen, sieht ihnen Bärta nach und lächelt. Die drei hinterlassen ihre Fußabdrücke im frischen Schnee, genau wie der große und der kleine Bär am Himmel . . .

Der Bäckerbär in Not

Es riecht nach Zimt und Vanille, nach Marzipan und Honigkuchen. Selbst ein blinder Bär kann den Weg zur Bäckerei finden. Er muss nur immer der Nase nach gehen.

Aber eines Morgens riecht Safran, der Bäckerbär, seine eigenen Vanillekipferl nicht mehr. Er niest und hustet. Er hat Kopfschmerzen, Fieber und Schüttelfrost. Seine Frau holt den Arzt.

»Grippe«, sagt Doktor Bärlapp und verordnet strengste Bettruhe.

»Grippe? Oje!«, jammert Frau Safran. »Ausgerechnet kurz vor Weihnachten. Wie soll ich nur allein mit der Arbeit fertig werden? Heute sind Zimtsterne dran, morgen ist Butterherzentag und übermorgen sind die Lebkuchenmänner an der Reihe.«

»Gesundheit geht vor«, brummt Dr. Bärlapp. »Was die Arbeit betrifft, so muss sie natürlich getan werden. Ich werde Adalbär fragen, ob er eine Aushilfe schicken kann!«

Adalbär hört sich überall um. Keiner in Bommerlund hat Zeit. Alle stecken bis über beide Ohren in Arbeit. Alle, bis auf Koka.

»Ich helfe gern, wenn ich meine Zettel ausgetragen habe!«, sagt er. »Und Kiki, Socke und Mütze helfen bestimmt auch!«

»Die Kinder? Ich weiß nicht . . .«, zögert Adalbär.

»Die drei sind sehr geschickt«, sagt Koka. »Sie haben mir neulich erzählt, wie gern sie Plätzchen backen.«

So kommt es, dass die drei kleinen Bären als Aushilfskräfte in Bäcker Safrans Backstube geraten. Mütze und Socke dürfen die Nüsse mahlen. Kiki darf den Eischnee schlagen. Koka presst die Zitronen aus und wiegt den Puderzucker ab.

Frau Safran steht an der großen Knetmaschine. Sie misst und wiegt die Zutaten ab. Dann rollt sie den Teig aus. Koka bereitet schon die Backbleche vor. Die drei kleinen Bären dürfen die Sterne ausstechen.

»Sehr schön!«, sagt Frau Safran zufrieden.

»Fast so schön wie die Sterne am Himmel«, sagt Kiki.

»Mhm, das schmeckt vielleicht lecker!«, sagt Socke und nascht vom Teig.

»Probiert nicht zu viele, sonst verderbt ihr euch den Magen!«, warnt Frau Safran.

»Mir kann nichts passieren. Ich esse nur Eukalyptusblätter«, kichert Koka. Frau Safran zeigt Kiki, wie man aus Puderzucker und Zitronensaft einen Zitronenguss macht. Kiki streicht den Guss mit dem Backpinsel auf die Sterne.

»Wir haben's geschafft! Viel schneller, als ich gedacht hatte«, sagt Frau Safran, als die frisch gebackenen Zimtsterne zum Auskühlen auf dem Ladentisch liegen.

»Dürfen wir morgen wieder helfen?«, fragt Kiki.

»Gern«, sagt Frau Safran. »Morgen ist Butterherzentag.«

»Mhm. Meine Lieblingsplätzchen«, sagt Socke.

»Aber Zimtsterne mögt ihr doch auch, oder?«

»Jaaaa!«, rufen die drei Bären und Frau Safran packt Plätzchen ein. Für jeden eine kleine Tüte voll.

»Danke!«, rufen Kiki und Socke.

»Mhm! Warm schmecken sie am besten!«, sagt Mütze.

Dann machen sich die drei kleinen Bären auf den Heimweg.

Koka bleibt noch und hilft beim Saubermachen. Ein bisschen traurig ist er jetzt schon, dass man aus Eukalyptusblättern keine Weihnachtskekse machen kann . . .

Naschbärengrippe

Als Socke und Mütze abends ins Bett gehen sollen, sagt Mütze: »Oooh, mir ist so schlecht!«

»Mir geht es auch nicht gut«, sagt Socke. »Ich glaub, ich hab Fieber!«

»Oje, ihr werdet euch doch nicht bei Bäcker Safran angesteckt haben? Eine Grippe zu Weihnachten ist genau das, was auf meinem Wunschzettel steht!«, seufzt Selma Braunbär.

»Hol lieber gleich Dr. Bärlapp!«, rät Papa Adalbär.

Aber Selma ruft erst mal Kikis Mutter an. »Hallo Amanda! Wie geht es Kiki?«

»Leider nicht gut. Sie hat heute Abend keinen Bissen gegessen.«

»Socke und Mütze sind anscheinend auch krank.«

»Am Ende haben sie sich angesteckt? Die Grippe geht um«, ruft Amanda Bär erschrocken.

»Das haben wir auch schon befürchtet«, sagt Selma. »Ich werde sofort Dr. Bärlapp rufen.«

»Sag ihm, dass er gleich anschließend bei uns vorbeikommen soll«, bittet Amanda.

Es dauert eine Weile, bis Dr. Bärlapp kommt, denn es haben viele Bären in Bommerlund Grippe, wie jedes Jahr zur Weihnachtszeit.

»Es ist immer dasselbe«, schimpft Dr. Bärlapp. »Die Bären arbeiten zu viel. Sie schwitzen und laufen dann ohne Pullover draußen in der Kälte herum. Dann passiert's.«

Er zieht seinen Mantel aus und geht in das Zimmer von Socke und Mütze. Er untersucht die beiden. Sie müssen die Zunge he-

rausstrecken und »aahh« sagen. Er misst Fieber und Puls und befühlt die Schnauzen.

»Was ist?«, fragt Selma besorgt.

»Kein Fieber, kein erhöhter Puls, feuchte Schnauzen. Kein Grund zur Besorgnis!«, beruhigt sie Dr. Bärlapp.

Er nimmt sein Hörrohr und setzt es auf Brust und Bauch.

»Mann, oh Mann«, stöhnt er und reibt sich die Ohren. »Die haben ein Gewitter im Bauch. Was habt ihr denn heute gegessen?«

»Beim Abendessen hatten sie jedenfalls keinen Appetit«, sagt Selma.

»Könnte es sein, dass ihr bei Bäcker Safran nicht nur mit den Pfoten, sondern auch mit den Schnauzen zugelangt habt?«, mischt sich Papa Adalbär ein.

»Du meinst: Sie haben zu viel Teig genascht?«, fragt Selma.

»Geeenau!«, brummt Papa Adalbär.

»Könnte schon sein«, sagt Mütze kleinlaut. »Und zwei Tüten mit warmen Zimtsternen haben wir auf dem Heimweg auch leer gefuttert.«

»Zwei Tage lang nur Hafergrütze,
Kamillentee und Zwieback«,
verordnet Dr. Bärlapp.

»Wenigstens ist es keine Grippe«,
sagt Selma erleichtert, als sie
Dr. Bärlapp zur Tür bringt.
Und dann ruft sie gleich Amanda
an, denn Kiki hat bestimmt auch
bloß die Naschbären-Grippe!

Puppentheater

Selma Braunbär sitzt zusammen mit den anderen Nähbären in der Schneiderwerkstatt und näht Puppenkleider.

Da klingelt das Telefon. Es ist Bärta, die wissen will, ob die Kleider für die Kasperlepuppen schon fertig sind.

»Das sind sie!«, sagt Selma.

»Ich habe die Kasperleköpfe schon fertig bemalt. Jetzt brauche ich die Garderobe. Habt ihr auch den Purpurmantel und die goldene Krone für den König nicht vergessen?«

»Nein! Und die Prinzessin bekommt ein wunderschönes Seidenkleid. Die Glöckchen für die Kasperlemütze sind auch gekommen.«

»Ich schicke gleich Mütze und Socke hinüber. Sonst hat hier keiner Zeit. Hörst du, wie die Nähmaschinen rattern? Bis gleich!«
Selma legt den Hörer auf. Dann ruft sie nach Mütze und Socke.
»Könnt ihr die Kiste mit den Puppenkleidern zu Tante Bärta bringen?«
»Klar, machen wir!«, ruft Mütze.
»Nehmt den Schlitten!«, sagt Selma Braunbär und trägt die Kiste vors Haus. Sie ist nicht sehr schwer, denn die Puppen haben ja noch keine Köpfe. Gemeinsam binden die beiden die Kiste auf dem Schlitten fest.
»Weißt du, was? Eigentlich könnten wir einen kleinen Umweg machen und Kiki abholen!«, sagt Mütze.
»Gute Idee!«, sagt Socke.
Kiki ist allein zu Hause.
»Ich muss noch den Kuchen aus dem Ofen holen, damit er nicht verbrennt. Das hab ich Mama versprochen. Kommt so lange herein.«
Das machen die beiden gerne.
»Was ist denn in der Kiste?«, fragt Kiki.
»Puppenkleider«, sagt Socke.
»Für Kasperlepuppen«, sagt Mütze.
»Toll! Könnten wir nicht Kasperle spielen, bis der Kuchen fertig ist?«, schlägt Kiki vor.
»Au ja!«, ruft Socke.
»Aber die Puppen haben noch keine Köpfe!«, sagt Mütze.
»Egal«, sagt Kiki. »Die machen wir! Wir nehmen einfach Äpfel und Stricknadeln!«
»Ich will der König sein!«, sagt Socke.

»Und ich die Prinzessin«, ruft Mütze.

»Dann bin ich die Hexe!«, sagt Kiki.

Kiki steckt eine von Mamas Pulloverstricknadeln durch das Hexengewand. Dann setzt sie einen Apfel drauf.

»Jetzt brauch ich nur noch ein bisschen schwarze Wolle für die Haare und ein Kopftuch!«, sagt sie.

Kiki findet auch Rosinenaugen und eine Nuss-Nase für die Hexe, denn die Backzutaten liegen noch auf dem Küchentisch.

Socke hat die Krone für seinen König in der Kiste entdeckt. Für Mützes Prinzessin holt Kiki etwas Engelshaar aus Mamas Bastelkorb. Die Figuren sehen jetzt wirklich gut aus. Das Tischtuch an der Wäscheleine wird zum Theater. Sie beginnen zu spielen.

»Wir brauchen noch einen Räuber!«, sagt Socke nach einer Weile.

»Und einen Kasperl und einen Feuer speienden Drachen«, findet Mütze.

Die Vase mit den Tannenzweigen ist der Wald, in dem der Räuber und das Krokodil wohnen. Der Spagetti-Topf ist der Schlossturm, in dem die Prinzessin eingesperrt ist.

Die drei spielen und spielen. Plötzlich sagt Mütze: »Moment mal! Ich glaube, mein Drache speit wirklich Feuer!« Er schnuppert.

Kiki ruft erschrocken: »Oje! Der Kuchen!« Sie läuft zum Backofen. Der Kuchen hat schon eine ganz dunkle Kruste.

»Nimm die Topflappen!«, ruft Socke. »Besser, der Kuchen ist verbrannt, als deine Pfoten!«

»Er ist nicht ganz verbrannt. Nur ein bisschen zu dunkel«, sagt Kiki, als der Kuchen auf dem Tisch steht. »Wisst ihr, was: Wir machen schnell einen Zitronenguss.«

»Hm«, sagt Mütze, »schmeckt lecker, den kenn ich vom Bäcker!«

Der Schneebär

Tante Bärta erwartet die drei
kleinen Bären schon an der
Haustür.

»Da seid ihr ja endlich! Wo habt
ihr bloß so lange gesteckt? «

»Wir mussten warten, bis Kikis
Kuchen fertig war«, sagt Mütze.

»Und wir haben ein bisschen Kasperle gespielt«, sagt Socke.

»Ihr seid gut! Ihr trödelt herum und ich warte schon seit einer
Stunde auf die Puppenkleider!« Bärta ist verärgert.

»Nicht böse sein«, sagt Kiki.

»Dürfen wir reinkommen?«, bittet Socke.

»Erzählst du uns eine Geschichte?«, fragt Mütze.

»Neee, Kinder! Heute nicht! Heute hab ich leider keine Zeit für
Geschichten!«, sagt Bärta energisch. »Ich muss doch die Kasperlepuppen fertig machen. Die müssen unbedingt weggeschickt
werden, damit sie rechtzeitig zu Weihnachten ankommen.
Schaut morgen noch mal vorbei, so gegen drei! Einverstanden?«

Die drei Bären sind enttäuscht. Sonst hat Tante Bärta immer Zeit
für sie.

»Nun zieht nicht solche Bärenschnuten, Kinder! Morgen spiele
ich dafür mit euch ein spannendes Fährtensuchspiel! Versprochen!«

Da freuen sich die drei, denn Fährtensuchspiele gehören zu den beliebtesten Bärenspielen.

»Wisst ihr, was: Ihr habt doch den Schlitten dabei. Fahrt zum Tatzenberg! Da kann man gut rodeln und außerdem – wartet einen Augenblick!« Tante Bärta trägt die Kiste mit den Puppenkleidern ins Haus, kommt mit einer gefüllten Papiertüte zurück und sagt: »Darin sind ein Hut, eine Möhre und zwei Kohlestückchen. Vielleicht könnt ihr ja damit etwas anfangen?«

»Na klar!«, ruft Kiki. »Wir bauen einen Schneebären!«

»Oder eine Schneebärin«, schlägt Tante Bärta vor und zwinkert vergnügt mit den pechschwarzen Augen.

»Gute Idee!«, rufen die drei und ziehen ab.

Bärta winkt ihnen nach, ehe sie ins Haus geht, um sich endlich an die Arbeit zu machen.

»Ich darf als Erster den Schlitten ziehen!«, ruft Mütze.

»Und ich darf mich als Erster draufsetzen!«, sagt Kiki. Während Mütze zieht und Socke schiebt, hockt Kiki auf dem Schlitten und kramt in der Tüte. Sie setzt Tante Bärtas alten Hut mit Federn auf. Jetzt thront sie auf dem Schlitten wie eine Königin in der Kutsche.

Am Tatzenberg sind schon andere Bärenkinder beim Rodeln. Eine Weile macht es den drei kleinen Bären richtig Spaß. Aber dann purzelt Kiki bei der letzten Abfahrt in hohem Bogen vom Schlitten. Sie klopft den Schnee aus dem Fell und sagt ärgerlich: »Jetzt mag ich den blöden Berg nicht mehr hinauflaufen! Lasst uns endlich den Schneebären bauen!«

Sie rollen am Rande der Rodelbahn, wo der Schnee noch locker ist, zwei große und eine kleinere Schneekugel zusammen.

Mütze und Socke setzen aus den beiden großen Kugeln Oberteil und Unterteil des Schneebären zusammen. Kiki formt aus der kleinen Kugel einen Bärenkopf mit Ohren. Er bekommt pechschwarze Kohlenaugen und eine Karottennase. Als Krönung setzt ihm Kiki Tante Bärtas alten Federhut auf.

»Jetzt sieht unser Schneebär fast wie Tante Bärta aus, findet ihr nicht?«, sagt Kiki.

Socke kichert. »Na ja, bis auf die Karotten-Nase!!!«

Das Fährtensuchspiel

Am nächsten Tag stehen Kiki, Mütze und Socke pünktlich um drei vor Tante Bärtas Haus. Leider ist sie nicht da.
»Wo mag sie bloß sein?«, fragt Mütze.
»Das ist gemein! Sie hat uns ein Fährtensuchspiel versprochen!«, sagt Socke. »Und jetzt ist sie nicht da.«
»Ich hab mich so darauf gefreut!«, sagt Kiki. »Ob sie böse mit uns ist?«
»Seht, da ist sie gelaufen!«, ruft Mütze und deutet auf eine Fußspur. Man erkennt deutlich den Abdruck von zwei großen, breiten Bärentatzen mit je fünf Krallen im Schnee.
»Wie gut, dass sie so große Füße hat, die so deutliche Spuren machen. Die kann man leicht verfolgen«, sagt Socke.
»Sie kann noch nicht weit sein. Die Spuren sind noch frisch. Die Ränder sind ganz scharf«, sagt Kiki. »Los, hinterher!«
Die Spuren führen in den Wald.
»Die Pfoten sind tief in den Schnee eingedrückt. Sieht aus, als ob sie etwas getragen hat«, überlegt Socke.
Gespannt laufen die drei Detektive weiter.
»Tan-täää Bääär-ta!«, ruft Kiki. Aber von Bärta ist weit und breit nichts zu sehen. Jetzt führen die Spuren wieder aus dem Wald heraus.
»Seht doch: Die Spur führt bis zum Bärenfelsen. Dahinter ist die Bahnstation!« Mütze deutet auf die Fährte, die bis ins Tal hinunter zu erkennen ist.
»Ob sie weggefahren ist?«, überlegt Socke.

»Sie hat vielleicht einen Koffer getragen.«

»Nein«, sagt Mütze. »Wenn sie einen Koffer getragen hätte, wäre die rechte oder linke Fußspur tiefer eingedrückt. Sie hat etwas vor sich hergetragen.«

»Oder auf den Schultern«, sagt Socke.

»Einen Rucksack vielleicht?«, überlegt Mütze. »Oder einen Rückenkorb?«

Unten im Tal erklingt ein langer Pfiff. Dreimal kurz. Einmal lang.

»Das ist die Polareisenbahn. Sie pfeift immer so, ehe sie abfährt!«, sagt Kiki.

»Wir kommen zu spät!«, murmelt Socke enttäuscht. »Bärta fährt weg und wir konnten sie nicht einmal fragen, wohin.«

»He! Vielleicht doch!«, ruft Mütze plötzlich. »Seht mal, ein Stück weiter drüben kommen ihre Fußspuren wieder den Berg herauf.«

Die drei Bärenkinder laufen hin und untersuchen die Spur genau.

»Jetzt hat sie nichts mehr getragen«, stellt Mütze fest. »Die Pfotenabdrücke sind nicht mehr so tief wie vorher.«

»Kombiniere«, sagt Socke. »Sie hat etwas zur Bahn gebracht.«

»Bestimmt ein Paket!«, ruft Kiki. Jetzt lockt die Spur die drei Bären wieder in den Wald zurück. Auf der Waldlichtung bleibt Kiki stehen und sagt: »Komisch, sie ist einmal im Kreis gelaufen. Was soll das bedeuten?«

»Dahinten am Baum hängt etwas!«, ruft Socke. Er hat die besten Augen. Die drei laufen zu dem Baum am Rand der Kreisspur. Am Baum hängt ein Zettel. Auf dem steht: »Beeilt euch, Kinder! Es gibt Kakao und Honigkuchen!«

»Das hat Tante Bärta geschrieben!«, ruft Mütze aufgeregt. »Sie hat gewusst, dass wir ihre Spuren verfolgen werden! Allerhand!«
»Sie hat mit uns das Spurensuchspiel gespielt, ohne dass wir es gemerkt haben!«, sagt Socke und kratzt sich verlegen am Kinn.
»Tante Bärta hat immer verrückte Ideen!«, sagt Kiki.
»Bestimmt hat sie die Weihnachtspakete zum Bahnhof gebracht«, überlegt Socke.
»Ich kann mir denken, was in dem Paket war«, sagt Mütze. »Die fertigen Kasperlepuppen.«
»Meinst du? Wir können ja Bärta danach fragen«, sagt Socke.
»Aber ob sie es uns verrät?«, sagt Kiki. »Schließlich hat sie den Weihnachtsbärengeheimhaltungsschwur geschworen, wie alle anderen großen Bären auch.«

Bärenmonate

Koka Koalabär hat sich bestens eingelebt in Bommerlund. Er erledigt seine Arbeit flink und zuverlässig. »Klein, aber oho!«, sagt Papa Adelbär beim Stammtisch im Gasthof *Bärentatze* zu seinen Freuden. »Wer hätte das der kleinen Plattnase zugetraut!«
Koka hat auch Freunde gefunden. Betty und Eddy zum Beispiel.
Eines Abends laden ihn die beiden zu Hausmusik und Beerenwein ein. Eddy spielt auf der Ziehharmonika und Betty singt dazu.
»Es ist so schön bei euch!«, sagt Koka. »Sagt, habt ihr jedes Jahr so viel Arbeit im Dezember?«
»Nicht nur im Dezember. In allen Bärenmonaten«, sagt Eddy.
»In allen Bärenmonaten? Was sind Bärenmonate?«, fragt Koka verwirrt.
Eddy sieht Betty an, lacht und sagt: »Weißt du das nicht? Septembär, Oktobär, Novembär, Dezembär!«
»Aber – das schreibt man doch ganz anders!«, sagt Koka. »Seht doch auf den Kalender!«
»Die Monate werden in jeder Sprache anders geschrieben und in Bommerlund am Bärensund eben so!«, erklärt Betty.
»Bärenmonate«, sagt Koka und nimmt einen tiefen Schluck aus seinem Beerenweinglas. »Schade, dass ich vor Weihnachten abreisen muss. Ich glaube, ich komm im nächsten Jahr wieder!«
»Das wäre schön«, sagt Eddy Eisbär und spielt auf seiner Quetschkommode das Seemannslied »Junge, komm bald wieder!«.

Da ist Koka ziemlich gerührt.

»Bei uns wird sich bis dahin manches verändern«, lächelt Betty.

»Wie meinst du das?«, fragt Koka.

»Nun ja«, sagt Eddy. »Wir bekommen ein Kind. Und zwar schon bald.«

»Das sind ja tolle Neuigkeiten«, sagt Koka.

Dann erzählt Koka von zu Hause und von seinen Eltern und Geschwistern, nach denen er große Sehnsucht hat.

»Du solltest rechtzeitig einen Platz in der Polarkreisbahn reservieren«, rät ihm Eddy. »Die ist kurz vor Weihnachten ziemlich ausgebucht.«

»Und wo macht man das?«, fragt Koka.

»Fahr morgen früh um acht Uhr mit dem Postbären zur Bahnstation. Dort wird man dir weiterhelfen!«

»Mach ich«, verspricht Koka und nimmt noch einen kräftigen Schluck Beerenwein.

»Komm nächstes Jahr ein bisschen früher und bring genug Eukalyptusblätter mit, damit du recht lange bleiben kannst!«, sagt Betty. »Wir wollen im Frühjahr ein größeres Haus bauen. Mit Kinderzimmern. Dann kannst du bei uns übernachten.«

»Du meinst ü-BÄR-nachten!«, sagt Koka und nimmt noch einen Schluck Beerenwein.

»Ich glaub, wir hätten ihm lieber Eukalyptustee geben sollen«, sagt Betty erschrocken. »Der Wein ist ihm in den Kopf gestiegen.«

»Du hast Recht. Er ist es nicht gewohnt, etwas anders als Tee zu trinken«, brummt Eddy.

»Ich liebe – hicks – den BÄRenwein«, singt Koka. »Bald werd ich üBÄR alle BÄRge sein!«

»Ich glaube, lieber Koka, du solltest jetzt ins Bett gehen«, sagt Betty.

Koka kichert. »Bin BÄReits BÄReit, BÄReue nichts! Kennt ihr noch andere Bärenwörter? Lasst uns das Bärenwörterspiel spielen, hicks.«

»Komm, wir bringen dich jetzt wirklich nach Hause . . .«, drängt Eddy und steht auf.

». . . und legen dich ins Bett«, ergänzt Betty und steht ebenfalls auf.

»Da wird aBÄR der gute Gustav Kragenbär sehr üBÄRrascht sein!«, sagt Koka vergnügt. »Ich glaub – hicks –, ich hab ein Gläschen üBÄR den Durst getrunken.«

»Das fürchte ich auch«, seufzt Eddy und dann bringen sie den beschwipsten Koalabären schnellstens zum Gasthaus *Bärentatze*.

Koka gähnt, krabbelt in sein Bett und murmelt: »Ihr seid so üBÄRaus nett zu mir. Ich freue mich schon auf nächstes Jahr!«

Der Postbär

Poo der Postbär hat in den letzten Tagen vor Weihnachten wirklich alle Tatzen voll zu tun. Oft fährt er zwei- oder dreimal mit dem gelben Postschlitten zur Bahnstation, um die Pakete abzuladen. Auf dem Rückweg bringt er gleich die Post für Bommerlund mit. In den ersten Bärenmonaten ist der Postschlitten vor allem auf dem Rückweg randvoll, weil so viele Dinge ankommen, die die Bären in ihren Weihnachtswerkstätten brauchen. Jetzt ist es umgekehrt. Ein großer Stapel Pakete wartet auf den Abtransport. Daher freut sich Poo, als Koka um acht vor der Tür steht und mitfahren will: »Junge, du kannst mir gleich beim Aufladen helfen!« Das macht Koka gern. Er hat ein Tuch um die Stirn gebunden. Poo fällt es erst auf, als er die Gurte der Zugesel befestigt.
»Hast du dich verletzt?«, erkundigt er sich.
»Nein, ich hab nur ein bisschen Kopfweh«, gesteht Koka verlegen.
»Die frische Luft wird dir gut tun. Steig auf!« Poo knallt mit der Peitsche. Aber die Esel schnauben bloß verächtlich und laufen nicht los. »Sie sind morgens meist zu faul«, sagt Poo. »Da hilft nur der Karottentrick.« Er bindet eine Möhre an die Peitsche und hält sie den Eseln abwechselnd vor die Nase. Da laufen sie los, weil sie die Möhre fangen möchten. »Sind halt Esel«, sagt Poo und lacht.
Die Schlittenglocken läuten, als der Schlitten durch die verschneite Landschaft gleitet. Das letzte Stück zum Bahnhof geht's

bergab. Da muss Poo die Backenbremsen anziehen, weil sonst der Schlitten schneller fährt, als die Esel laufen können.

Eine rundliche Bärin mit roter Schirmmütze erwartet sie schon. »Das ist Tschingl Bell«, sagt Poo. »Sie ist die Bahnhofsvorsteherin.«

»Schönen guten Morgen«, sagt Tschingl Bell überrascht. »Wer bist denn du? Dich kenne ich gar nicht.«

»Er heißt Koka Koala und ist mit dem letzten Postschiff angekommen«, erklärt Poo, noch ehe Koka selber antworten kann.

»Ach so«, sagt Tschingl Bell. »Normalerweise erkenne ich nämlich alle meine Gäste wieder. Besonders wenn sie so – so – besonders aussehen wie du.« Sie starrt fasziniert auf Kokas platte Nase.

»Wohin mit den Paketen?«, fragt Poo.

»Fahrt näher an die zweite Rampe heran! Ich hole inzwischen den Wagen«, sagt Tschingl Bell und läuft los, um den Gepäckwagen vom Bahnsteig zu holen.

Als sie mit dem Abladen fertig ist, will Koka noch eine Platzkarte für die Polarkreisbahn bestellen.

»Für den 23. Dezember? Das sieht schlecht aus. Da gibt es keinen Zug. Und der am 24. Dezember ist ausgebucht. Kann es eventuell auch am 22. sein? Da hab ich noch einen Schlafwagenplatz bis Alaska frei. Dort steigst du um in den Datums-Grenzexpress in Richtung Süden. Dann bist du am schnellsten zu Hause.«

»Gut«, sagt Koka. »Ich werde Adalbär fragen, ob ich einen Tag früher reisen kann.«

»Dein Bett ist reserviert«, sagt Tschingl Bell und gibt ihm einen roten Zettel. »Abteil Nr. 13.« Koka verwahrt den Zettel in seiner Rückentasche wie einen kostbaren Schatz.

»Wo ist die Post für Bommerlund?«, fragt Poo.

»Heute gibt's nicht viel. Ein paar Weihnachtsbriefe und ein Paket«, sagt Tschingl Bell. »Dort ist der Postsack.«

Poo schultert den Sack und Koka nimmt das Paket. Er sieht auf den Absender und ruft: »Oh, aus Nürnberg! Das sind die Ersatzteile für die Spielzeugwerkstatt. Adalbär wartet schon lange darauf.«

»Halt! Fast hätt ich's vergessen. Hier ist noch eine Extrapost vom Weihnachtsmann«, sagt Tschingl Bell und holt einen dünnen roten Umschlag. »Für Amanda Bär!«

Die beiden Weihnachtsbären steigen wieder auf ihren Postkutschenschlitten. *Klingeling*, bimmeln die Schlittenglocken und ab geht die Post nach Bommerlund!

Zerealadas Wolkenbären

»Onkel Dagobär, da bist du ja endlich!«, ruft Socke.

»Komm doch herein!«, sagt Mütze.

»Was ist? Heute bin ich doch pünktlich!«, sagt Onkel Dagobär und klopft sich den Schnee aus dem Pelz, ehe er ins Haus kommt.

»Mama ist wieder bei ihren Nähbären«, klagt Socke. »Den gaaanzen Tag.«

»Und Papa ist in der Werkstatt. In den Bärenmonaten hat keiner für uns Zeit«, beklagt sich Mütze.

»Bin ich keiner?«, sagt Dagobär und lässt sich in den Sessel am Ofen plumpsen.

»Nein, du bist eine Ausnahme«, sagt Socke.

»Heute ist so schönes sonniges Wetter. Wir sollten ein wenig rausgehen«, schlägt Onkel Dagobär vor.

»Lass uns lieber drinbleiben!«, sagt Mütze.

»Drin ist es gemütlicher«, nickt Socke und klettert auf Onkel Dagobärs Schoß.

»Ich weiß schon, was ihr wieder wollt«, brummt Onkel Dagobär.

»Gee-schich-ten!«, rufen Socke und Mütze wie aus einem Mund.

»Hab ich befürchtet«, seufzt Dagobär und sieht aus dem Fenster.

»Sagt mal, hab ich euch schon von Zerealada, der Wolkenhexe, erzählt?«

»Ne«, sagt Socke.

»Erzähl«, drängelt Mütze.

»Also, einmal machte ich in den Sommerferien einen Ausflug zum Nordpol. Als ich dort angekommen war, wusste ich nicht mehr, in welche Richtung ich laufen sollte, denn mein Kompass zeigte immer nach Süden, ganz gleich, wie ich mich drehte. Ringsum waren Schnee- und Eisberge, die alle gleich aussahen. Da beschloss ich die Nacht abzuwarten. Wenn die Sterne herauskamen, dann würde ich meinen Weg schon wieder finden! Aber dann zogen dicke Wolken auf und ich konnte die Sterne auch nicht sehen. Also nahm ich mein kleines Zelt aus dem Rucksack und baute ein Biwak. Mitten in der Nacht wachte ich auf. Ich hörte, wie jemand laut sang. Ich kroch aus meinem Schlafsack und beschloss dem Gesang nachzugehen. Und ihr könnt euch nicht vorstellen, was ich da entdeckt habe . . .« Onkel Dagobär putzt sich umständlich die Nase.

»Weiter! Erzähl weiter!«, drängelt Mütze.

»Die Stimme kam von einem der Eisberge. Ich kletterte hinauf. Auf halber Höhe entdeckte ich eine Höhle, in der ein Feuerchen brannte. Die Stimme wurde lauter und lauter. Und jetzt konnte ich auch verstehen, was sie sang:

Wolken koch ich, schwarz und weiß,
so wahr ich Zerealada heiß.
Vor Sturm und Regen und Gewittern
sollen alle Leute zittern . . .

Da wusste ich, dass ich die geheime Wohnhöhle der Wolkenhexe Zerealada entdeckt hatte. Sie stand vor einem brodelnden Kessel, aus dem Wolken aufstiegen und durch einen Krater im Eisberg an den Himmel hinaufschwebten.«

»Und? Hast du dich gefürchtet?«

»Ach was«, brummt Onkel Dagobär. »Mit der Wolkenhexe wollte ich schon immer mal ein Wörtchen reden. Denn ich wollte mich beschweren, dass sie immer Wolkenschafe hext und keine Wolkenbären. Das hab ich dann auch gemacht. Und seitdem gibt es auch Wolkenbären am Himmel. Schaut hinaus: Da zieht gerade einer vorbei.«

Socke und Mütze laufen ans Fenster und entdecken eine Wolke, die tatsächlich wie ein großer schlafender Bär aussieht. Onkel Dagobär steht auf und sagt: »Kommt, jetzt gehen wir raus und schauen, was wir außer Zerealadas Wolkenbären noch alles am Himmel finden!«

»Au ja!«, rufen Socke und Mütze. Und dann entdecken sie auf ihrem Spaziergang durch die sonnige Schneelandschaft nicht nur Wolkenbären, sondern auch Wolkendrachen, Wolkenlöwen, Wolkenhunde, Wolkenschiffe und sonst allerlei.

Der Sturm

Am nächsten Abend
müssen Socke und Mütze
eine halbe Stunde früher ins
Bett, weil Papa und Mama zur
Brummstunde in den Bärenge-
sangverein gehen, wo Betty
Brummbär mit ihnen Lieder für die
Weihnachtsfeier übt.
»Gute Nacht, schlaft gut«, sagt Papa Adalbär.
»Keine Gutenachtgeschichte?«, fragt Socke enttäuscht.
»Keine Zeit«, sagt Papa Adalbär. »Wir müssen los.«
»Erzählt euch selber Geschichten!«, rät Selma Braunbär. »Euch
fällt doch sonst immer so viel ein!«
»Und dass ihr schön im Bett bleibt! Es ist Schneesturm angesagt«,
ruft Papa Adalbär noch, ehe er die Tür hinter sich zumacht.
»Blöde Brummstunde«, mault Socke. »Papa lernt doch nie sin-
gen!«
»Aber Mama vielleicht«, sagt Mütze. »Dann kann sie uns abends
wenigstens was vorsingen, wenn sie schon nicht vorlesen mag.«
»Möchtest du das wirklich?«, fragt Socke.
»Na ja«, sagt Mütze. »Betty singt viel schöner. Ihr Kind hat es mal
gut. Dem wird sie sicher immer vorsingen . . .«
». . . oder erzählen«, ergänzt Socke. »Und wir müssen uns selber
was erzählen. Das ist ungerecht.«
»Fang an!«, sagt Mütze.

»Nein, fang du an!«, sagt Socke.

»Ich weiß nicht, was ich erzählen soll«, sagt Mütze.

»So spannend wie Onkel Dagobär gestern. Das mit der Hexe Zerealada fand ich toll.«

»Ich mag keine Hexen.«

»Gut, dann mit Räubern und Gespenstern. Ganz schaurig und
spannend muss es sein«, sagt Socke.

»Es war einmal ein ganz schauriges Gespenst. Das hatte Zähne
wie ein Haifisch und . . .«

»Pssst!«, flüstert Socke. »Hast du das gehört?«

»Ne, hab nix gehört«, sagt Mütze. »Ich hab doch erzählt.«

»Da draußen ist einer! Der rüttelt an den Fensterläden!«

»Ja, tatsächlich. Jetzt hör ich es auch!«, sagt Mütze.

Mütze und Socke sitzen aufrecht im Bett und lauschen.

»Ich komm zu dir!«, sagt Socke und schlüpft schnell bei seinem
Bruder unter die Decke.

»Ein Räuber?«, flüstert Mütze.

»Oder ein Gespenst?«, sagt Socke.

»Quatsch. Du weißt doch, dass es keine echten Gespenster gibt.«

»Vielleicht aber doch ein einziges?«, sagt Socke und rückt noch
ein bisschen näher an seinen Bruder heran.

»Wir machen einfach das Licht an«, sagt Mütze. »Licht vertreibt
Gespenster.«

»Ich denke, es gibt keine?«

»Na, ich meine auch nur für alle Fälle«, sagt Mütze und zündet
die Kerze auf dem Nachttisch an. Aber das ist auch nicht besser.
Überall flackern jetzt Schatten an der Wand, die sehen erst recht
wie Gespenster aus.

»Ich mach die Augen zu!«, sagt Socke. Da rumpelt es wieder. Laut und ungestüm. Und dann fängt es an zu pfeifen.

»Ich halt mir die Ohren zu«, ruft Socke. Jetzt löscht ein Windzug das Licht. Da bekommt es auch Mütze mit der Angst zu tun. Und dann hören sie polternde Schritte vor dem Haus. Da ist wirklich einer! Und jetzt sieht man ihn auch! Ein schwarzer Schatten am Fenster! Es klopft an der Tür. Die Türangeln quietschen. Schritte.

»Hilfe!«, wispert Mütze. »Er kommt.«

Zitternd liegen die beiden unter der Decke.

»Mütze! Socke!«, ruft jemand. Das ist doch Onkel Dagobärs Stimme! »Wo steckt ihr denn, Kinder? Oh, unter der Decke. Ihr schlaft wohl? Und ich dachte, ihr kriegt bestimmt vor Angst kein Auge zu bei dem Sturm!«

»Onkel Dagobär!«, rufen die beiden erleichtert. »Wie gut, dass du da bist!«

Teddy und Toddy

Am nächsten Morgen rast Dr. Bärlapp mit wehendem Schal durch die Hauptstraße.

»Was ist denn los, Doktor?«, ruft Gustav Kragenbär, der gerade vor dem Gasthaus *Bärentatze* den Schnee wegfegt, den der Sturm in der Nacht hingeweht hat. »Immer noch die Grippewelle?«

»Betty Brummbär hat Wehen«, sagt der Doktor. »Ich hab es eilig.«

»Kriegen Kinder, mitten im Winter!«, sagt Gustav Kragenbär zu seiner Frau, die jetzt ebenfalls aus der Tür kommt. »Zu unserer Zeit kriegte man die im Frühling.«

»Die Zeiten ändern sich eben«, lacht Emma Kragenbär. »Wir leben ja schließlich auch nicht mehr wie die Höhlenbären!«

Der Wind ist wieder stärker geworden und der Doktor muss sich durch den Neuschnee bis zu dem Haus am Hang durchkämpfen, in dem Eddy und Betty wohnen. Als er ankommt, ist das Baby schon da. Der stolze Vater hält es im Arm und kommt ihm an der Tür entgegen.

»Da hab ich wohl den ganzen Weg umsonst gemacht, wie?«, sagt der Doktor.

»Nicht ganz umsonst«, sagt Eddy. »Ich glaube, da kommt noch eins!« Betty ist von der Geburt des kleinen Bären ganz erschöpft.

»Gut gemacht«, lobt Dr. Bärlapp und streichelt ihre Stirn. Dann hört er ihren Bauch ab.

»Tatsächlich, da kommt noch eins!«, sagt er überrascht. »Genau wie bei Selma Braunbär damals, als Mütze und Socke auf die Welt kamen. Zwillinge, liebe Betty. Es gibt noch ein bisschen Arbeit für dich!«

Eddy geht inzwischen nervös mit dem Bärenbaby auf und ab. Dann legt er es in das Körbchen, das Betty schon hergerichtet hat. Es ist gerade groß genug. Wohin mit dem zweiten Kind? Eddy holt einen Waschkorb aus der Küche und sein eigenes Kopfkissen aus der Schlafecke. Das legt er in den Korb hinein. Der kleine Bär soll es genauso gut haben wie sein Bruder. Hoffentlich kommt er bald auf die Welt! Eddy läuft nervös hin und her. Gerade als er denkt, dass er es jetzt nicht mehr aushalten kann, ruft der Doktor: »Gratuliere: Es ist ein Mädchen!«

»Hurra!«, ruft Eddy. »Eine Tochter hab ich mir immer gewünscht. Sie soll Teddy heißen. Genau wie ich, nur mit einem T vorne dran.«

»Und wie heißt der Junge?«, erkundigt sich der Doktor.

»Der heißt Toddy«, meldet sich Betty aus dem Hintergrund.
»Teddy und Toddy, das passt gut zusammen!«

»Wie gut, dass wir im Frühjahr das neue Haus bauen«, sagt Eddy. »Unsere kleine Stube ist für zwei Kinder wirklich ein bisschen zu eng.«

»Vor allem wenn sie mal aus dem Waschkorb herauswachsen!«, sagt Dr. Bärlapp und lacht. Und dann verabschiedet er sich. »Ich muss weiter. Die Grippewelle, ihr wisst schon! Ich komme morgen wieder vorbei, um nach Mutter und Kind zu sehen!«
Eddy bringt den Doktor noch bis zur Tür.
Ein eisiger Wind bläst herein und Eddy macht die Tür schnell wieder zu.

Mag es draußen auch noch so kalt sein, in Eddys Herz ist es jetzt warm, ganz warm. Zwei Bärenkinder auf einmal! Er kann sein Glück noch gar nicht fassen. Er geht auf Zehenspitzen zu Betty Brummbär, gibt ihr einen Kuss und sagt: »Danke! Gut gemacht, Mama Brummbär!«
Aber Betty hört es gar nicht, denn sie ist vor Erschöpfung eingeschlafen.

Kikis Papa

Den ganzen Tag hat Kiki mit Socke und Mütze gespielt. Sie haben gar nicht bemerkt, wie die Zeit vergangen ist.

»Jetzt müsst ihr aufräumen. Wir wollen essen. Papa kommt gleich!«, sagt Selma Braunbär.

»Warum hast du eigentlich keinen Papa?«, fragt Socke, als sie die Bauklötze in die Kiste schichten.

»Na klar hab ich einen Papa«, sagt Kiki trotzig.

»Jeder Bär hat einen Papa«, sagt Mütze.

»Und wo ist dein Papa?«, forscht Socke.

»Mama hat gesagt, dass er ganz weit weggefahren ist, als ich noch ein winziges Baby war«, sagt Kiki.

»Du hast ihn also nie gesehen?«, fragt Socke.

Kiki schüttelt den Kopf. »Er ist irgendwo in der großen weiten Welt.«

»Weißt du wenigstens, wie er aussieht?«, fragt Mütze.

Kiki überlegt. »Er ist so groß wie Gustav Kragenbär, so klug wie Onkel Dagobär und so lustig wie Eddy Eisbär. Mama sagt, er lebt in Engelland.«

»Gibt's da Engel?«, fragt Socke.

»Na klar«, sagt Kiki. »Und einen König und Schlösser und Häuser, die so groß sind wie der höchste der sieben Schneeberge.«

»Wow! Vielleicht ist er ein Prinz?«, sagt Socke.

»Kann schon sein«, sagt Kiki. »Aber warum schreibt er mir bloß nicht?«

»Vielleicht kann er nicht schreiben?«, sagt Mütze.

»Alle Prinzen können schreiben. Und wenn nicht, dann haben sie einen Sekretär oder so, der für sie schreibt«, sagt Socke.

»Vielleicht lebt er in einem so großen Schloss, dass er das Briefpapier nicht findet, und er muss so viel regieren, dass er keine Zeit zum Suchen hat«, seufzt Kiki.

»Vielleicht lebt er in einem verzauberten Schloss«, überlegt Socke. »Und ein großer böser Zauberer hat ihm das Schreiben verboten!«

Und dann denken sich die drei Bären die tollsten und abenteuerlichsten Geschichten über Kikis Papa aus.

»Mann, oh Mann, du hast wahrscheinlich den tollsten Papa von ganz Bommerlund«, sagt Socke schließlich voller Bewunderung.

»Na ja, unser Papa ist auch nicht schlecht«, verteidigt Mütze seinen Papa. »Er hat schließlich die große Werkstatt, in der man die verrücktesten Sachen basteln kann.«

»Wenn ich groß bin, dann werde ich in die weite Welt gehen und meinen Papa suchen«, seufzt Kiki.

»Und wir kommen mit!«, versprechen Mütze und Socke.

»Wenn die Bärenmonate vorbei sind, könnten wir in Papas Werkstatt gemeinsam eine Flugmaschine bauen und losfliegen, um Kikis Papa zu suchen«, schlägt Socke vor.

»Vielleicht kommt mein Papa ja schon früher«, sagt Kiki. »Soll ich euch ein Geheimnis verraten?«

»Au ja«, sagt Socke und rückt neugierig näher. Er liebt Geheimnisse.

»Ich hab an den Weihnachtsmann einen langen Brief geschrieben, dass ich mir in diesem Jahr gar nichts wünsche, außer dass mein Papa kommt.«

»Und wenn der Weihnachtsmann seine Adresse nicht kennt?«, befürchtet Mütze.

»Der Weihnachtsmann kennt alle Adressen«, sagt Kiki zuversichtlich. »Der hat einen Adressencomputer.«

»Trotzdem kann der Weihnachtsmann nicht alle Wünsche erfüllen. Das hat Papa gesagt, als ich mir im letzten Jahr eine Schwester gewünscht hab«, sagt Mütze.

»Probieren kann man es ja. Und Wünschen kostet nichts«, sagt Socke. Jetzt poltert und rumpelt es draußen, weil Papa Adalbär hereinkommt.

»Brr!«, macht er und schnüffelt. »Ich hab einen Bärenhunger!«

»Ich glaub, ich muss jetzt gehen«, sagt Kiki. »Mama ist schließlich ganz allein zu Haus.«

Kokas Abreise

Am 22. Dezember packt
Koka seinen Seesack. Viel
ist nicht mehr einzupacken,
denn die meisten Eukalyp-
tusblätter hat er aufgefut-
tert.

»Es wird gerade noch für
die Heimreise reichen«, sagt
Koka mit einem Blick auf
seine Vorräte.

»Dürfen wir dich zum Bahnhof bringen?«, rufen die drei kleinen
Bären, die ihm beim Packen zugesehen haben.

»Da müsst ihr Poo fragen«, sagt Koka und lacht. »Ich weiß nicht,
wie viel Platz er noch auf seinem Schlitten hat.«

Poo muss die allerletzten Päckchen für den Weihnachtsmann
zum Zug bringen. Der Postschlitten ist randvoll. Aber obendrauf
ist noch ein wenig Platz für die drei kleinen Bären.

»Klettert hinauf!«, ruft Poo ihnen zu. »Wir müssen uns beeilen.
Der Zug wartet nicht!«

Gustav und Emma Kragenbär stehen unter der Wirtshaustür
und winken, als der Postkutschenschlitten davonfährt.

Schon von weitem kann man das Läuten der Glocken hören, mit
der Tschingl Bell immer die Ankunft der Polarkreisbahn verkün-
det. Als der Postschlitten am Bahnhof ankommt, fährt der Zug
auch schon ein.

»Hier ist dein reservierter Platz!«, sagt Tschingl Bell zu Koka und öffnet die Tür zu Abteil Nummer 13. Koka steigt ein und winkt seinen Freunden zum Abschied.

»Bis zum nächsten Jahr!«, rufen Socke und Mütze.

»Pass auf dich auf!«, ruft Kiki. »Und schreib uns mal!«

Poo steht am Postwagen und lädt die Pakete ein. Dann schnappt er sich den Postsack für Bommerlund, der voll mit Briefen und Karten ist.

»Ist Post für mich dabei?«, fragt Kiki.

»Wir können ja gleich nachsehen«, sagt der Postbär. »Wartest du auf Post?«

»Es müsste ein Brief aus dem Engelland sein, mit einem Wappen und einer Krone drauf«, sagt Socke.

»Oder ein Brief vom Weihnachtsmann«, sagt Mütze.

»Leider ist kein Brief mit einem Engel oder mit Krone und Wappen für Kiki dabei«, bedauert Poo, nachdem er die Briefe im Postsack durchgeblättert hat. »Und der Weihnachtsmann hat auch nicht geschrieben. Kein Wunder! Der Mann hat schließlich im Moment alle Hände voll zu tun«, brummt Poo und zwinkert Kiki zu.

»Und wie viele Züge kommen noch vor Weihnachten?«, will Kiki wissen.

»Nur noch einer. Am 24. Dezember«, sagt Tschingl Bell. »Warum?«

»Ach, nur so«, sagt Kiki.

Jetzt faucht die Lok, der Zug fährt wieder an. Von Koka ist nichts mehr zu sehen. Trotzdem winken die drei kleinen Bären, bis der Zug in der Ferne nur noch wie ein kleiner dunkler Punkt aussieht.

Weihnachtsüberraschungen

23. Dezember! Jetzt sind alle die Sachen, die die Weihnachtsbären in Bommerlund angefertigt haben, an den Weihnachtsmann verschickt.

Ganz Bommerlund atmet auf. Aber zu tun gibt es noch genug, denn jetzt wird in den Werkstätten und Bastelstuben geputzt und aufgeräumt, damit an Weihnachten alles schön ist.

In den Küchen werden die Vorbereitungen für das Weihnachtsfestessen getroffen. Denn nach den Arbeitsmonaten soll richtig gefeiert werden. Überall wird gekocht und gebacken.

Jede Familie hat ihre Leibspeise und ihre eigenen Festrezepte.

Bei Braunbärs gibt es Pickelhering mit Vanilleeis.

Bei Kragenbärs gibt es Muschel-Polenta mit Honig und Nüssen.

Bei Amanda Bär steht Schneckenomelett mit Birkenpilzen auf dem Speisezettel.

Bei Eddy und Betty gibt es Rollmops mit Himbeersoße.

Und bei Onkel Dagobär gibt es Karpfen blau.

In den Straßen hängen Lichterketten und beleuchtete Sterne, die mit den Sternen am Himmel um die Wette funkeln.

Überall werden noch rasch kleine Päckchen gepackt. Es raschelt und knistert in den Wohnstuben. Es gibt zwar keine großen Geschenke zum Bärenweihnachtsfest. Aber fast jeder hält für seinen Freund oder Nachbarn eine kleine Überraschung bereit.

Was allerdings die Geschenke für die kleinen Bären betrifft, da haben sich die großen Bären allerhand einfallen lassen.

Tante Bärta hat für Eddys und Bettys Babys eine Strickleiter ge-

strickt. Sie soll im Kinderzimmer aufgehängt werden. »Damit die kleinen Braunbären schnell klettern lernen. Vielleicht werden sie ja mal richtige Seebären wie ihr Papa«, sagt Oma Bärta zu Betty.
Die beiden Babys sind wirklich allerliebst. Toddy ist braun wie Betty und Teddy hat ein seidiges Eisbärenfell wie der Papa.
Onkel Dagobär hat für Kiki, Socke und Mütze ein Geschichtenbuch geschrieben. »Könnte ja sein, dass ich immer vergesslicher werde«, seufzt er. »Und dann kann ich den Kindern die Geschichten wenigstens immer noch vorlesen.«
Amanda hat das größte Geschenk von ganz Bommerlund für ihre Tochter Kiki. Aber sie verrät niemandem ein Sterbenswörtchen. Es hängt mit dem roten Brief zusammen, den sie am 17. Dezember bekommen hat. Es ist ihr schwer gefallen, ihr Geheimnis für sich zu behalten. Aber die Enttäuschung wäre zu groß, wenn die Überraschung nicht klappte.
Während Amanda großen Hausputz macht und die Reste von Kleber, Goldpapier und Engelshaar aus allen Ecken fegt, denkt sie immer wieder: Morgen ist es so weit. Lieber Weihnachtsmann, enttäusche mich nicht!
Amanda hat so viele Engel für den Weihnachtsmann gebastelt. Da wäre es nur gerecht, wenn er ihren Wunsch in Erfüllung gehen lassen würde.
Und Kiki? Die wundert sich über Mamas Geheimniskrämerei. Sie kann es schon gar nicht mehr erwarten. Mama hat die kleine Besenkammer abgesperrt. Ob da das Geschenk drin ist?

Bärenweihnachten

Endlich ist der Weihnachtstag da! Es ist der Tag im Jahr, an dem die Zeit am allerallerallerlangsamsten vergeht, findet Mütze. Socke und Mütze dürfen nicht im Zimmer sein, während Papa und Mama den Weihnachtsbaum schmücken und die Geschenke darunter legen.

»Lass uns zu Kiki gehen!«, sagt Socke.

Kiki spielt im Schnee vor dem Bärenhaus.

»Mama ist heute so komisch«, sagt Kiki. »Irgendwie nervös.«

»Vielleicht hat sie in den letzten Wochen zu viele Engel gebastelt«, überlegt Socke. »Da wär ich auch nervös.«

Am Nachmittag treffen sich die großen und kleinen Bären von Bommerlund unter der mit vielen Lichtern geschmückten Tanne vor dem Rathaus. Der Bärengesangsverein stellt sich vor dem Baum auf und dann werden Weihnachtslieder gesungen und alle brummen und summen aus tiefer Kehle mit. Jeder so gut er es kann.

»Kiki, wo ist eigentlich deine Mama?«, fragt Socke plötzlich.

Kiki dreht sich um. Jetzt erst fällt ihr auf, dass Amanda nicht da ist.

»Mama kommt gleich wieder«, sagt Tante Bärta. »Sie muss nur noch rasch ein Eilpaket abholen. Es kommt mit der letzten Polarkreisbahn.«

»Ein Paket? Für mich?«, fragt Kiki.

Bärta zuckt mit den Schultern. »Keine Ahnung. Sie hat mir nichts verraten. Aber es muss ein großes Paket sein, denn sie hat Poo gebeten, dass er sie rasch mit dem Postschlitten hinbringt.«

Jetzt ist die offizielle Bärenweihnachtsfeier zu Ende und alle Bären gehen nach Hause in die warmen Stuben, wo das Festessen wartet.

»Ich bleibe bei dir, bis Amanda wieder da ist«, sagt Bärta und nimmt Kiki an der Hand. Da hört man in der Ferne das Läuten der Schlittenglocken.

»Sie kommt«, sagt Bärta und drückt zuversichtlich Kikis Pfote.

Der Platz vor dem Rathaus ist schon fast leer, als Poo seinen Schlitten vor der großen Tanne zum Halten bringt. Amanda Bär steigt aus. Aber sie ist nicht allein in der Postkutsche. Hinter ihr kommt jetzt ein großer grauer Bär heraus. Er sieht ziemlich zerzaust aus, hat einen Verband am Kopf und trägt einen Arm in der Schlinge.

»Das ist deine Weihnachtsüberraschung, liebe Kiki«, sagt Amanda. »Dein Papa.«

»Das?«, sagt Kiki, die auf einen Prinzen gewartet hat. »Das soll mein Papa sein?« Sie ist geschockt. Dann brüllt sie den verlotterten Bären an: »Warum hast du mir nie geschrieben? Warum hast du uns nicht besucht?«

»Weil ich eingesperrt war«, sagt der Bär, der Kikis Papa sein will. Er klingt traurig. »Eingesperrt in einem großen Zoo. Ich hatte schon die Hoffnung aufgegeben, euch jemals wieder zu sehen. Und dann geschah ein Wunder.«

»Das solltest du uns zu Hause erzählen!«, sagt Amanda. »Komm mit!«

In der warmen Stube erzählt der Bär von den Bärenfängern, die ihn vor vielen Jahren in den Zoo gebracht hatten.

»Ich hatte nie geglaubt jemals wieder frei zu sein. Da kam eines Morgens im Dezember ein neuer Zoowärter. Er trug einen roten Mantel, hatte einen weißen Bart und gütige Augen. Nachts schloss er heimlich meinen Käfig auf und erklärte mir den Weg zur Polarkreisbahn. So konnte ich fliehen. Ich wurde gejagt und verfolgt und habe auf der Flucht meinen Arm gebrochen und mein Ohr verletzt. Aber schließlich habe ich doch noch den letzten Zug zum Polarkreis erwischt. Und jetzt bin ich bei euch!«

»Wir werden dich gesund pflegen«, sagt Amanda. Sie sieht froh und glücklich aus.

Kiki betrachtet ihren Papa genauer. Er hat große schöne Augen und eine sympathische Schnauze, findet sie. Und er sieht immer mehr wie ein Prinz aus, je länger sie ihn anschaut. Und ist der weiße Kopfverband nicht fast wie eine Krone?

»Fröhliche Weihnachten, Papa«, flüstert Kiki und kuschelt sich fest in seinen Arm.